BEI GRIN MACHT SICH IHR WISSEN BEZAHLT

Glück, Motivation und Volition in der Psychologie. Das Rubikon-Modell und die Handlungskontrolltheorie von Julius Kuhl

Jasmin Bog

Bibliografische Information der Deutschen Nationalbibliothek:

Die Deutsche Nationalbibliothek verzeichnet diese Publikation in der Deutschen Nationalbibliografie; detaillierte bibliografische Daten sind im Internet über http://dnb.d-nb.de abrufbar.

ISBN: 9783346743961
Dieses Buch ist auch als E-Book erhältlich.

© GRIN Publishing GmbH
Nymphenburger Straße 86
80636 München

Druck und Bindung: Books on Demand GmbH, Norderstedt Germany
Gedruckt auf säurefreiem Papier aus verantwortungsvollen Quellen

Das vorliegende Werk wurde sorgfältig erarbeitet. Dennoch übernehmen Autoren und Verlag für die Richtigkeit von Angaben, Hinweisen, Links und Ratschlägen sowie eventuelle Druckfehler keine Haftung.

Das Buch bei GRIN: https://www.grin.com/document/1283083

Hausarbeit

Allgemeine Psychologie II

Abgegeben: 31.10.2019

                                                    SRH Fernhochschule

Modul: Allgemeine Psychologie II
Studiengang: Wirtschaftspsychologie (B.Sc.)

von
Jasmin Bog

Studiengang: Wirtschaftspsychologie (B.Sc.)

Inhaltsverzeichnis

Abkürzungsverzeichnis

bspw.	Beispielsweise
bzw.	beziehungsweise
DES	Differential Emotions Scale
EEG	Elektroenzephalogramm
EI	Emotionale Intelligenz
EMG	Elektromyographie
et al.	unter anderem
FACS	Facial Action Coding System
fMRI	funktionelle Magnetresonanztomographie
NA	negativer Affekt
PA	positiver Affekt
PANAS	Positive and Negative Affective Schedule
PET	Positronen-Emissions-Tomographie
SAM	Self-Assessment Manikin
UNO	United Nations Organization
US	United States
v. Chr.	vor Christus
z. B.	zum Beispiel

Abbildungsverzeichnis

Tabellenverzeichnis

1. Glück

1.1 Definition

Es gibt mehrere Basisemotionen. Wie viele es genau sind, ist bis heute nicht eindeutig erforscht. Worüber sich alle Forscher jedoch einig sind, dass Freude/Glück, Traurigkeit, Wut und Furcht dazu gehören.[1] Glück ist eine von ihnen, da es kulturübergreifend sicher am Gesichtsausdruck erkannt werden kann.[2] Die Psychologie weist kein eindeutiges Konstrukt von Glück auf, jedoch bezieht man sich in manchen theoretischen Ansätzen direkt oder indirekt auf Glück. Das Empfinden von Glücksgefühlen, sowie Ereignisse und Situationen die einen Menschen glücklich machen, sind bei jedem unterschiedlich. Beim Verliebt sein hat der eine „Schmetterlinge im Bauch", der andere spürt ein Herzklopfen. Auch in lustigen und herzerwärmenden Momenten reagieren die Menschen unterschiedlich. Manche weinen vor Glück, andere lachen.[3] In Deutschland ist das Wort „Glück" vielfältig im Gebrauch. Wenn wir im Lotto gewonnen haben, ist es zufälliges Glück. Wenn wir schöne Momente erleben, ist es ein kurzfristiges Glück bzw. glücklich sein und bei glücklich sein mit unserem Leben, ist dieses Glück langfristig. Im englischen Gebrauch wird Glück klarer differenziert. So steht „luck" für das zufällige Glück, „pleasure" für Glücksmomente und „happiness" für die Zufriedenheit mit dem Leben.[4] Das Glück bekommt von den Psychologen eine Stellung der starken Emotion und einen dauerhaften, sowie vollkommenen Zustand intensivster Zufriedenheit zugewiesen. Nach Philipp A. E. Mayring, einem deutschen Psychologen, wird das Glück unterschieden in das aktuelle Glückserleben, im englischen „state" genannt, was übersetzt „Zustand" bedeutet und in das biographisch entwickelte Lebensglück, im englischen „trait", was so viel wie „Charakterzug" oder „Merkmal" bedeutet.[5] Durch die uneinheitliche Definition des Begriffs „Glück" wird die empirische Untersuchung erschwert. Im englischsprachigen Raum ist Glück der Oberbegriff für Zufriedenheit, positive Gefühle, psychische Belastungsfreiheit und Gesundheit. Manche benutzen Glück als Synonym für subjektives Wohlbefinden, andere unterscheiden Glück als

---

[1] Vgl. Brandstätter (2018), S. 167
[2] Vgl. Jansen (2018), S. 66
[3] Vgl. Stangl (2019)
[4] Vgl. NLP-Zentrum Berlin (2019)
[5] Vgl. Stangl (2019)

aktuellen Gefühlszustand und Wohlbefinden als biografisch entwickeltes Persön-
lichkeitsmerkmal. Dabei ist Glück der intensivste Wohlbefindenszustand, der län-
ger anhält als Freude und die ganze Person ergreift. Zusätzlich basiert es auf
einem allgemein positiven Lebensgefühl und hat oftmals überindividuelle Bezüge
bspw. auf eine soziale Situation. Viele sehen Glück eher als Persönlichkeitseigenschaft, also Trait. Durch das regelmäßige Erfahren von glücklichen Momenten werden dauerhafte persönliche Ressourcen aufgebaut, welche schließlich
zum Aufbau eines Trait-Wohlbefindens führen. Merkmale, die für Glück stehen
sind z. B. positives Befinden, hohe Sensibilität, soziale Aufgeschlossenheit, Le-
bensbejahung und gesteigertes Selbstwertgefühl.[6]

1.2 Was macht Menschen glücklich?

Auch bei der Frage was Menschen glücklich macht gibt es keine eindeutige Ant-
wort, da dies von Charakter zu Charakter unterschiedlich ist. Es gibt drei Theo-
rien, die erklären was Menschen glücklich macht. Die erste ist die **Bedürfnis-
und Zielerreichungstheorie.** Hierbei wird die Spannungsreaktion als Kernme-
chanismus zur Entstehung von Glück gesehen. Der menschliche Organismus
steht andauernd unter Spannung, wenn er jedoch Glück, etwa durch eine Bedürf-
nisbefriedigung, empfindet wird diese gelöst. Die Psychoanalyse besagt, dass
der Mensch nach dem Lust-Prinzip handelt und der Humanismus nach dem Prin-
zip der Selbstverwirklichung. Die zweite Theorie ist die **Aktivitäts- und Hand-
lungstheorie.** Diese besagt, dass das Glück an die Ausführung bestimmter Tätigkeiten gebunden ist. Das Flow-Prinzip von M. Csíkszentmihályi aus 1975 zeigt
auf, dass der Mensch ein Glücksgefühl empfindet, wenn er vollständig in seiner
Tätigkeit aufgeht. Zuletzt ist der **Persönlichkeitspsychologische Ansatz** zu
nennen. Glück wird hierbei als Persönlichkeitseigenschaft betrachtet. Menschen
sind unterschiedlich in ihrer Art und Weise Glück zu empfinden oder zu erleben.
Diese Annahme wird auch als „Top-down-Ansatz" bezeichnet. Die kognitiven
Faktoren vermitteln zwischen inneren/äußeren Situationsfaktoren und dem emotionalen Befinden. Das bedeutet, dass ein und dieselbe Situation für eine Person

---

[6] Vgl. Jansen (2018), S. 66 - 68

Glück bedeutet, für eine andere Person jedoch nicht.[7] Ein englisches Sprichwort „One mans meate is another mans poyson" was in dieser Form im Buch Bibliotheca scholastica intructissima von dem englischen Theologen Thomas Draxe aus dem Jahr 1616 erschien, besagt ins Deutsche übersetzt, das was dem einen Freud ist, ist des anderen Leid.[8] Es existiert die Annahme, dass das individuelle Anspruchsniveau einer Person eine bedeutsame Rolle für Glück spielt. Dabei geht man davon aus, dass erlebtes Glück vom Verhältnis der eigenen Ziele und diesem Erreichen abhängt. Kurz gesagt: Je mehr Ziele erreicht werden, desto größer ist das Glück/die Zufriedenheit.[9] Außerdem kommen Emotionen durch Substanzen, die den Dopaminstoffwechsel beeinflussen zustande. Dopamin beteiligt sich an den Belohnungsvorgängen im Gehirn und bei einer erhöhten Ausschüttung sind positive Emotionen das Resultat.[10] Zusätzlich macht Vertrauen in sich selbst, die Bezugspersonen und die Welt, Personen glücklicher. Ein weiteres Kriterium für ein glückliches Leben ist ein gewisses Maß an Freiheit, mit der man eigene Entscheidungen treffen und selbst über die Gestaltung seines Lebens bestimmen kann. Ganz wichtig ist das Loslassen. Sachen, die man nicht ändern kann, oder Dinge, die einem nicht guttun, muss man loslassen. Ansonsten trägt man diese „Last" immer mit sich herum. Auch einzelne Tätigkeiten können glücklich machen. Sei es ein kleiner Spaziergang, Musik hören, Sport oder kochen, das alles fördert positives Empfinden. Glück zu empfinden hängt zu 50 Prozent von der genetischen Veranlagung, zu 40 Prozent vom eigenen Handlungsspielraum und zu 10 Prozent von den persönlichen Umständen ab.[11] Wer die Langform des Glücks-Gens „SLC6A4" besitzt, erhält mehr Serotonin, welches uns entspannen lässt und gute Laune macht. Die UNO hat Glücks-Grundbedingungen aufgestellt: eine sechsjährige Schulbildung, mindestens sechs Quadratmeter Wohnraum; der einen Platz zum Kochen aufweist, mindestens 2.500 Kalorien pro Tag und einen Wasserverbrauch von 100 Litern am Tag. Auch diese Bedingungen sind jedoch subjektiv zu betrachten.[12] Der Bildungsstand, der berufliche Status und die damit verbundene finanzielle Situation bestimmen ebenfalls das Wohlbefinden und das Glück. Jeder Mensch hat einen gewissen Basiswert, wird

---

[7] Vgl. Jansen (2018), S. 68
[8] Vgl. Martin (2019)
[9] Vgl. Jansen (2018), S. 68
[10] Vgl. Brandstätter (2018), S. 173
[11] Vgl. Landsiedel NLP Training (2019)
[12] Vgl. Bayerischer Rundfunk (2019)

dieser überschritten ist das empfundene Glück nicht mehr im proportionalen Verhältnis zum Zuwachs des materiellen Reizes. Ebenfalls wichtig ist die soziale Integration, also das Erleben von vertrauensvollen Beziehungen und die Teilhabe an der Gesellschaft. Einen großen Teil der Beeinflussung vom Glück übernehmen die positiven Lebensereignisse bspw. der positive Zufall, dass man im Lotto gewonnen hat.[13] Bei einer Studie von A. Furnham und H. Cheng aus dem Jahr 2000 eruierten sich sechs **Glücksfaktoren:**

- Soziale Unterstützung und Wertschätzung,
- Optimismus und Zufriedenheit mit dem, was gerade da ist,
- Leistungsfähigkeit und Freiheit,
- Mentale Stärke und Persönlichkeitseigenschaften wie Willenskraft und Liebenswürdigkeit,
- Finanzielle Sicherheit,
- persönliche Vorzüge unter anderem Intelligenz, Attraktivität.[14]

Auch die emotionale Intelligenz spielt dabei eine Rolle. T. Chamorro-Premuzic et al. fand 2007 bei einer Studie heraus, dass junge Erwachsene, die die Fähigkeit besitzen Emotionen bei sich und anderen zu erkennen, glücklicher sind. Zumindest korreliert das Glück dort stärker als bei Extraversion.[15]

1.3 Welche Auswirkungen hat Glück?

Positive Affekte wie Glück stärken das Immunsystem in dem es das Cortisol, welches von den Nebennieren verstärkt ausgeschüttet wird, wenn ein Mensch Stress hat, verringert. Das Hormon Cortisol ist lebenswichtig, denn es fördert die Gluconeogenese in der Leber, erhöht den Blutzuckerspiegel und regelt den Fettstoffwechsel, sowie den Proteinumsatz. Wenn aber zu viel Cortisol im Organismus existiert, begünstigt dies die Produktion von Bauchfett, erzeugt Hypertonie, schädigt das Immunsystem und fördert Karzinome. Außerdem wirken positive Affekte wohltuend beruhigend auf das kardiovaskuläre System ein. Glücklichere Menschen sind weniger aufbrausend. Sie besitzen eine breitere Variabilität der

---

[13] Vgl. Jansen (2018), S. 69
[14] Vgl. Bucher (2018), S. 64
[15] Vgl. Bucher (2018), S. 69

Herzfrequenz. Auch ein gesunder Lebensstil wird durch positive Emotionen begünstigt. Je glücklicher Menschen sind, desto seltener rauchen sie, desto häufi-
ger gehen sie zum Sport, ernähren sich gesund und reiben sich mit Sonnen-
schutzcreme ein.[16] Die Erweiterungs- und Aufbautheorie positiver Emotionen
wurde in mehreren Experimenten von Barbara Fredrickson validiert. Wenn ein
Mensch positive Emotionen empfindet, erweitert er sein Repertoire, also seine
Wahrnehmungen, Gedanken und Handlungen und baut gleichzeitig Ressourcen
auf, die für eine positive Weiterentwicklung (Eudämonismus) und für mehr hedo-
nistisches Glück sorgen.[17] Wenn man glücklich und zufrieden mit sich selbst ist,
vergleicht man sich seltener nach oben. Ebenfalls denkt man positiver, optimisti-
scher und hat mehr Hoffnung.[18]

1.4 Glücksforschung

Die (empirische) Glücksforschung begann schon sehr früh. Zuerst beschäftigten
sich viele Philosophen mit Glück. Der griechische Philosoph Aristoteles (384 –
323 v. Chr.) sah das Glück als das höchste Gut, dass ein Mensch um seiner
selbst willen anstrebt. Für Ludwig Marcuse (1894 – 1971), einem deutschen Philosophen, war das Glück eine Sehnsucht, die nicht altert. William James (1842 –
1910), ein US-amerikanischer Psychologe und Philosoph, der ein Gründervater
der wissenschaftlichen Psychologie war, bestimmte das Glück als die Hauptsa-
che des menschlichen Lebens. Er meint, dass glücklich werden für die meisten
Menschen aller Zeiten das geheime Motiv von allem ist, was sie tun und was sie
bereit sind zu ertragen. David G. Myers, ein Professor der Psychologie sichtete
alle psychologischen Abstracte im Zeitraum von 1887 bis 1999, um zu sehen,
welche Emotionen wie oft publiziert wurden. Depressionen wurden 86.767 Mal
publiziert, Glück hingegen nur 3.938 Mal. Ein sehr vielversprechender Glücks-
psychologe war Philipp Brickman. 1978 führte dieser eine Studie bezüglich des
Glücklichseins durch. Er fand heraus, dass Rollstuhlfahrer zwei Jahre nach ihrem
Unfall nahezu gleich glücklich wie Lotteriegewinner waren. Bereits im

---

[16] Vgl. Bucher (2018), S. 156/157
[17] Vgl. Bucher (2018), S. 158
[18] Vgl. Bucher (2018), S. 174

Behaviorismus wurden Glücksstudien durchgeführt, obwohl Glück als unwissenschaftlich galt. Die extensivere Glücksforschung datierte J. Vitterso, ein Professor der Sozialpsychologie, in die 1960er-Jahre, als Wilson 1967 Korrelate von Glück untersuchte. Seiner Meinung nach sei der typisch glückliche Mensch jung, gesund, gebildet und gut bezahlt, sowie extravertiert, optimistisch, weiß und verheiratet. Aktuell hat man differenzierterer Ansichten. N. Bradburn entwickelte 1969 eine Glücksskala, die bis heute zur Messung des Glücks eingesetzt wird. 1984 war für die Glücksforschung ein wichtiges Jahr, Ed Diener, der US-amerikanische Psychologe, mittlerweile als „Jedi Ritter" der Glücksforschung bekannt, veröffentlichte den Aufsatz ‚Subjective Well-being' in dem er die Erforschung von Wohlbefinden unbeirrt fortsetzte. Die Wirtschaftswissenschaft nahm sich in den 2000er Jahren ebenfalls der Glücksforschung an und forderte eine Glücksökonomie. Die positive Psychologie, die sich zu der Jahrtausendwende (2000) entwickelte, ließ die Glücksforschung explodieren. In den Jahren 1980 bis 1985 erschienen 2152 Publikationen bezüglich Glückes und Wohlbefinden. In den Jahren 2005 bis 2005 waren es schon siebzehnmal mehr, also 35.069. Glücksforschung wird auch im heutigen Zeitalter intensiv betrieben. Sie ist notwendig, da viele Menschen selbstquälerisch vor sich her grübeln, obgleich es in der ersten Welt noch nie so vielen Menschen materiell gut ging und so wenig lang gearbeitet werden muss.[19]

2. Emotionen

2.1 Definition

Emotionen werden von unterschiedlichen Komponenten begleitet, die dem Organismus eine Anpassung an die Lebensbedingungen ermöglichen. Zu den Komponenten zählen subjektiv erfahrbare, sowie objektiv erfassbare Komponenten.[20] Der Begriff Emotionen ist ein sehr vielschichtiger Begriff, bei dem sich die Wissenschaftler bisher nicht auf eine Definition einigen können.[21] Zu den Emotionen

---

[19] Vgl. Bucher (2018), S. 11 - 14
[20] Vgl. Brandstätter (2018), S. 164
[21] Vgl. Brandstätter (2018), S. 168

gehören beispielsweise Freude, Traurigkeit oder Angst.[22] Die subjektiv erfahrbare Komponente wird im deutschsprachigen Raum „Gefühl" genannt. Die objektiv bzw. physiologisch erfassbare Komponente ist auch als Verhaltenskompo-
nente zu sehen. Sie drückt sich in Gestik und Mimik aus,[23] sowie in Veränderung
der Herzfrequenz oder Erweiterung der Blutgefäße. Die physiologischen Reaktionen sind wichtig, denn sie stoßen eine Anpassung an Bedingungen an, die eine
Erregung hervorgerufen haben. Daraus folgt ein zielgerichtetes, expressives und
adaptives Verhalten. Emotionen sind immer auf konkrete Ereignisse (eine bevor-
stehende Prüfung) bzw. Objekte (einen Lottogewinn) bezogen. Man freut sich
über ETWAS, ekelt oder fürchtet sich vor ETWAS. In manchen Ansätzen ist auch
noch von einer kognitiven Komponente, die zur Bewertung bzw. Interpretation
dient, die Rede.[24] Emotionen sind eng mit Motivation und Kognition verknüpft,
dadurch üben sie einen großen Einfluss auf das Denken und Handeln aus. Ro-
bert Plutchik, ein amerikanischer Professor der Medizin, veröffentlichte 1980 acht
Grundemotionen. Diese sind Freude und Trauer, Vertrauen und Misstrauen,
Angst und Wut, sowie Ungewissheit und Gewissheit. Natürlich gibt es, wie bei
der Definition, keine eindeutige Aussage über Grundemotionen. Durch Kombination dieser Grundemotionen nach Plutchik entwickeln sich komplexere Emotionen. Beispielsweise entsteht Liebe aus Freude und Vertrauen oder Aggression
aus Wut und Gewissheit. Heutzutage ist die Emotionale Intelligenz (EI) eine wichtige Charaktereigenschaft. Sie ist die Fähigkeit die Emotionen von anderen und
sich richtig zu erkennen, zu kontrollieren und zu nutzen. Menschen, die eine hohe
emotionale Intelligenz besitzen, können ihre Emotionen gezielt einsetzen, um
ihre Leistungsfähigkeit zu verbessern, das Urteil von anderen zu beeinflussen
oder um eine Gruppe zu motivieren.[25]

2.2 Messung

Das Erleben von Emotionen ist nicht unbedingt objektiv zu erfassen. Was eine
Person fühlt, das weiß nur sie selbst. Um heraus zu finden, wie sich eine Person

---

[22] Vgl. Strobach/Wendt (2019), S. 51
[23] Vgl. Brandstätter (2018), S. 168
[24] Vgl. Brandstätter (2018), S. 164
[25] Vgl. Psychomeda (2016)

fühlt, muss man sie fragen. Jedoch lassen sich dadurch nur Gefühle von Individuen erforschen, die sprechen können. Die Untersuchung von Gefühlen der Tiere oder Neugeborenen ist deswegen nicht möglich. Auch bei Personen, die sprachlich durch eine Behinderung eingeschränkt sind, oder Kleinkindern, die erst ein geringes Vokabular besitzen, ist diese Erfragungsmethode schwer anzuwenden. Meistens wird zur Erfassung des subjektiven Erlebens die Fragebogenmethode mit standardisierten Skalen angewendet. Es existieren dabei mehrfach gestufte Items mit welchen unterschiedliche Aspekte einer Emotion erfasst werden sollen. Aus den Antworten wird ein Gesamtwert abgeleitet und dieser dann mit existierenden Normwerten verglichen. Das subjektive Erleben kann auf Intensität, Dauer und Häufigkeit überprüft werden. Die Intensität wird retrospektiv (Wie sehr ängstigten Sie sich während des Horrorfilms?) als auch aktuell (Wie sehr freuen Sie sich auf Ihren Besuch?) erfasst und die Dauer, sowie Häufigkeit wird meistens nur retrospektiv festgestellt.

Der Emotionsstruktur liegen zwei Ansätze zu Grunde. Der dimensionale und der kategoriale Ansatz. Bei dem dimensionalen Ansatz wird beispielsweise Angst als negativ (Valenz) und als hoch aktivierend (Erregung) beschrieben. [26]

Eine Methode des dimensionalen Ansatzes ist das „**Positive and Negative Affective Schedule**" (PANAS) von Watson et al., 1988. Das PANAS erfasst den positiven (PA) und den negativen Affekt (NA) des Erlebens. Zu den positiven Affekten zählen die Aktivität, die Aufmerksamkeit und der Enthusiasmus. Bei hohen PA-Werten wird von Energie und freudiger Erregung ausgegangen. Der negative Affekt ist durch Anspannung und Nervosität gekennzeichnet. Hohe Werte deuten auf Gereiztheit, sowie Angst hin und niedrige Werte auf Ruhe und Ausgeglichenheit. Bei diesem Instrument existieren zehn Adjektive, die jeweils negativ, sowie positiv affektive Zustände beschreiben. Beispiele sind dafür nervös, bekümmert vs. begeistert und enthusiastisch. Die Probanden geben daraufhin an wie intensiv und wie häufig sie diese Zustände erleben. Vorteil ist, dass das PANAS sowohl aktuelle als auch habituelle Zustände erfassen kann. Auch andere zeitliche Vorgaben sind möglich. Die aktuellste deutsche Version ist von Breyer und Bluemke aus dem Jahr 2016.

---

[26] Vgl. Brandstätter (2018), S. 191/192

Eine weitere Methode ist das „**Semantische Differential**" von Osgood et al., 1957. Es erfasst die konnotative Bedeutung von Begriffen oder Sachverhalten. Die Probanden werden hierbei indirekt befragt, indem sie sich dazu äußern, wie sehr sie einen Begriff mit vorgegebenen Eigenschaften assoziieren. Sie bearbeiten unterschiedliche Adjektivpaare, die die Valenz (angenehm – unangenehm), Erregung (erregend – beruhigend) und Dominanz (stark – schwach) abbilden. Vorteil ist, dass diese drei Dimensionen eine erschöpfende Beschreibung der emotionalen Reaktion auf vorgegebene Reize liefern.

Als letzte Methode des dimensionalen Ansatzes ist das „**Self-Assessment Manikin**" (SAM) von Bradley und Lang, aus 1994 zu nennen. Es erfasst die Dimensionen affektiver Reaktionen wie Valenz, Erregung und Dominanz. Ein Vorteil dieser Methode ist, dass es unabhängig von Sprachfertigkeiten, kulturellen Hintergründen, dem Alter und der Bildung ist. Das SAM besteht aus drei Ratingskalen mit drei Dimensionen. Die Ratingstufen sind durch Figuren dargestellt und so lassen sich affektive Reaktionen auf eine Vielzahl von Reizen dimensional einordnen.[27] Jedoch ist es für manche Personen nicht möglich ihre Gefühle zuzuordnen.

Der kategoriale Ansatz erfasst distinkte Emotionskategorien. Eine Methode dafür ist die „**Differential Emotions Scale**" (DES) von Izard et al., 1974. Sie erfasst spezifische bzw. distinkte Emotionskategorien. Zuverlässige Kategorien sind z. B. Traurigkeit, Angst, Freude oder Scham. Es gibt bei dieser Methode zehn Emotionskategorien. Jede Kategorie besitzt drei Items (Adjektive). Zum Beispiel Freude umfasst „erfreut", „glücklich" und „froh". Die Probanden müssen auf einer fünfstufigen Skala, für jedes Wort angeben, wie stark sie sich zu einem bestimmten Zeitpunkt fühlten. Wobei 1 für „überhaupt nicht" und 5 für „sehr stark" steht. Für jede der Emotionskategorien werden Mittelwerte gebildet. Je nach Untersuchungsziel kann der Zeitpunkt variiert werden, was ein Vorteil ist.[28]

---

[27] Vgl. Brandstätter (2018), S. 193
[28] Vgl. Brandstätter (2018), S. 193/194

Die physiologische Komponente (bspw. veränderte Herzfrequenz) bezieht sich auf Reaktionen zweier Systeme, des neuronalen und des hormonellen Systems. Objektiv ist diese Komponente sehr gut erfassbar. Der Blutdruck, die Herzfrequenz oder die Hauttemperatur lassen sich bspw. durch apparative Verfahren erfassen. Außerdem lassen sich emotionale Reaktionen auf physiologischer Ebene auch mit den Augen beobachten. Beispiele dafür sind das Zittern, falls jemand friert oder ängstlich ist oder wenn jemand vor Scham einen roten Kopf bekommt.

Viele Forscher sind der Meinung, dass physiologische Korrelate der Emotionen direkt im Gehirn zu finden sind. Um diese Vorgänge zu messen werden vorrangig die „Elektroenzephalographie" und die „Neurobildgebung" eingesetzt.

Die **Elektroenzephalographie** misst die elektrische Aktivität im Gehirn und bildet diese grafisch in einem Elektroenzephalogramm (EEG) ab. Die Elektroden werden auf der Kopfoberfläche platziert und registrieren die darunterlegenden Neurone in den Hirnarealen. Vorteil ist eine ausgezeichnete zeitliche Auflösung, jedoch ein Nachteil ist die bescheidene räumliche Auflösung.

Die **Neurobildgebung** setzt bildgebende Verfahren wie **fMRI** (funktionelle Magnetresonanztomographie) oder **PET** (Positronen-Emissions-Tomographie) um Funktionen einzelner Hirnareale zu untersuchen, ein. Im Vergleich zum EEG können diese, spezifische Hirnregionen erforschen. Beide Verfahren besitzen die Annahme, dass ein stärkeres Signal, ebenfalls eine größere Blutzufuhr zu bestimmten Hirnregionen bedeutet, was dann wiederum ein Hinweis auf eine erhöhte Aktivität in diesen zeigt.

Der **Schreckreflex** ist eine weitere Methode, um Emotionen zu messen. Er ist eine unwillkürliche Reaktion auf intensive, plötzliche Reize bspw. einem lauten Knall. Der Reflex tritt nach einer Latenzzeit, also einer Verzögerung, von 30 bis 50 Millisekunden auf. Er äußert sich durch eine Lidschlussreaktion, sowie einer Anspannung des Nackens und der Rückenmuskulatur. Das Blinzeln ist die zuverlässigste motorische Komponente des Schreckreflexes. Deswegen wird die Ausprägung zur Bestimmung von der Schreckreaktionsintensität genutzt. Zur

Durchführung werden unter dem unteren Augenlid mehrere Elektroden platziert, welche die Muskelaktivität mit einer elektromyographischen Messung registrieren. Durch den Schreckreflex wird der Körper, aber vor allem das Auge vor Verletzungen geschützt. Positive Emotionen weisen einen verminderten Schreckreflex und negative einen intensiveren Schreckreflex auf.[29]

Durch den stimmlichen Ausdruck können wir im Alltag herausfinden, ob jemand traurig oder gar wütend ist. Bei wissenschaftlichen Studien wird die akustische Wellenform der Sprache untersucht und auf einzelne akustische Merkmale wie Lautstärke oder Tonhöhe mit dem einhergehend emotionalen Zustand überprüft. Diese Merkmale reflektieren auf die emotionale Erregung, wobei die höhere Stimmlage auf einen höheren Erregungszustand schließen lässt.

Die Emotionen im Ausdrucksverhalten drücken sich durch die Bewegung bestimmter Gesichtsmuskeln oder einer Körperhaltung aus. Trauer lässt sich beispielsweise meistens durch heruntergezogene Mundwinkel und vielleicht einer in sich gekehrten Körperhaltung erkennen. Für die Messung des mimischen Ausdrucks gibt es zwei typische Verfahren: Standardisierte Auswertung von aufgezeichneten mimischen Ausdrucksveränderungen (**Facial Action Coding System**) und Registrierung der Gesichtsmuskelaktivität (**Elektromyographie**).

Das „**Facial Action Coding System**" (FACS) von Ekman und Friesen, 1978, ist ein objektives Kodierungsverfahren, welches sichtbare Gesichtsausdrücke beschreibt. Trainierte Beurteiler beschreiben sichtbare muskuläre Aktivität, ohne diese zu interpretieren. Das Verfahren umfasst 44 kleine erkennbare Muskelbewegungen im Gesicht, welche sich auch Aktionseinheiten nennen. Dazu zählen das Heben der Augenbrauen oder das Stirnrunzeln. Erfasst wird die Häufigkeit, sowie die Kombination der Aktionseinheiten. Auch die Intensität und der zeitliche Verlauf können kodiert werden. Als Grundlage dienen Fotos oder Filmaufnahmen von Gesichtern. Die erfassten Aktionseinheiten werden dann mit den für einzelne Emotionen typischen Mustern verglichen. Der Vorteil davon ist, dass der zeitliche Verlauf der Emotionsveränderung beobachtet werden kann. Ein Nachteil ist, dass diese Methode sehr zeitintensiv ist.

---

[29] Vgl. Brandstätter (2018), S. 197/198

Ein weiteres Beispiel zur Messung ist die **Elektromyographie** (EMG). Dabei werden im Gesicht gezielt Elektroden angebracht, die die elektrische Aktivität von kontrahierten Gesichtsmuskeln messen. Dadurch wird das mimische Verhalten direkt gemessen. Sowohl die beobachtbare und die nicht beobachtbare als auch die spontane und willkürliche Mimik kann von der EMG sehr genau erfasst werden. Die Myographie gibt wieder, wie intensiv eine affektive mimische Reaktion auf emotionsauslösende Reize ausfällt. Diese Reaktionen sind mit dem bloßen Auge nicht sichtbar. Die häufigsten Ableitungen kommen von den Muskelgruppen, die für das Stirn runzeln und für das Lächeln zuständig sind. Mit der EMG-Methode kann man unter anderem ein echtes Lächeln von einem gespielten Lächeln unterscheiden. Das echte Lächeln umfasst nämlich nicht nur die Muskeln, die für das Lächeln zuständig sind, sondern auch den Augenringmuskel. Wohingegen das strategisch eingesetzte Lächeln nur den Muskel des Lächelns beansprucht.[30] Vorteil ist die sehr genaue Erfassung auch von kleinsten Aktivitäten.

Emotionen werden von Situationen und Reizen verursacht. Die Studien, die untersuchen wodurch Emotionen entstehen, sind oft korrelativ. Oft werden emotionsauslösende Situationen nicht systematisch experimentell erforscht, sondern durch Befragung untersucht. Gerade bei negativen Emotionen ist es unangebracht und ethisch verwerflich Menschen geplant mit bspw. lebensbedrohenden Situationen zu konfrontieren, nur um heraus zu finden, wie sie sich dabei fühlen. Die Methode, im Labor kontrollierte Reize darzubieten, sollte hauptsächlich zur Untersuchung positiver Emotionen verwendet werden. Es werden dabei verschiedene Indikatoren wie mimische Reaktionen oder subjektive Einschätzungen des eigenen Befindens, sowie physiologische Maße untersucht. Bei der Befragung ist es ein Nachteil, dass das Personal gut geschult sein muss, was aus Unternehmenssicht hohe Kosten verursacht. Für Menschen, die jedoch nicht in der Lage sind, einen Fragebogen auszufüllen, ist die Befragung eine vorteilhafte Methode.

Oft wird die retrospektive Befragung eingesetzt, um Menschen zu befragen, in welchen Situationen sie bestimmte Emotionen erlebt haben oder welche Situationen zu bestimmten Emotionen führen könnten. In manchen Studien werden

---

[30] Vgl. Brandstätter (2018), S. 195/196

Emotionen auch in einer Art Tagebuch erfasst. Dabei müssen die untersuchten Personen mehrmals wöchentlich oder täglich auf einer Skala einschätzen, wie sie sich momentan, an diesem Tag oder an den letzten Tagen fühlen bzw. gefühlt haben und die Umstände beschreiben.[31]

2.3 Probleme bei der Erfassung

Bei der Erfassung bzw. Messung von Emotionen gibt es Probleme. Bei der Befragung ist es wichtig, dass Menschen ihre Gefühle wahrnehmen und deuten können. Dies kann nicht jeder. Auch ist es ein Nachteil, dass dadurch nur die Individuen erforscht werden können, die sprechen können. Bei den meisten Methoden ist ein gut geschultes Personal wichtig, was für das Unternehmen mit Kosten verbunden ist. Bei der EMG-Methode beispielsweise entstehen zusätzlich zu Personalschulungskosten, auch noch Anschaffungskosten der technischen Ausstattung.

Bei verbalen Äußerungen bezüglich der Emotionen bzw. Gefühle, kann es zu Verfälschungen kommen. In manchen Situationen lügt man, weil einem die echten Gefühle peinlich sind. Ein wichtiger Faktor diesbezüglich ist auch die Gesellschaft bzw. die Erwartungen von Anderen. So möchte man seine Gefühle entsprechend der Gesellschaft darstellen, um nicht schlecht dazustehen oder aufzufallen. Retrospektive Berichte können durch Gedächtnisverzerrungen und Rekonstruktionsfehlern verfälscht werden. Aufgrund dessen sind Berichte, die unmittelbar an Erlebtes anknüpfen valider. Ebenfalls das Einschätzen der Emotionen in hypothetischen Situationen kann durch konstruktionsbasierte Fehler falsch sein.[32]

Zusätzlich können die Emotionskomponenten erheblich dissoziieren. Das heißt, man kann einen Gesichtsausdruck zeigen, der jedoch nicht den echten Gefühlen entspricht. Deshalb sollte man sich niemals nur auf den Gesichtsausdruck verlassen, wenn man eine Emotion erörtern möchte. Gerade spezifische Gefühle

---

[31] Vgl. Brandstätter (2018), S. 172
[32] Vgl. Brandstätter (2018), S. 192

wie Freude oder Trauer, stimmen nicht immer mit den typischen physiologischen Mustern überein. Die physiologischen Muster, als alleinige Komponente, reichen also nicht aus, um heraus zu finden, wie sich jemand fühlt.[33]

Viele Methoden könnten durch die aufgesetzten Elektroden bei den Probanden zu Einschränkungen und Unwohlsein führen. Bei einem EEG werden eher die Aktivitäten in größeren Hirnregionen erforscht, jedoch nicht die Reihenfolge der Verarbeitungsschritte.[34]

Wie man bei den Vorstellungen der Methoden und dieser Problemerörterung sehen kann, gibt es auch viele Nachteile der Methoden. Manche beziehen sich auf einzelne, aber der Großteil ist auf alle zutreffend. Wichtig ist, dass die gewählte Methode ein etabliertes, psychometrisch überprüftes Erfassungsinstrument ist und dass es konsistent mit der in der Fragestellung leitenden theoretischen Ausrichtung ist.[35] Auch die Kosten und Zeit spielen eine Rolle bei der Auswahl der Methode. Die besten Ergebnisse bekommt man, wenn man mehrere Methoden miteinander kombiniert. Es gibt keine „beste" Methode, um Emotionen zu erforschen, da es auch auf das Ziel bzw. das Anliegen ankommt.[36]

3. Motivation und Volition

3.1   Das Rubikon-Modell

Das Rubikon-Modell stammt aus dem Jahr 1987 und wurde von den deutschen Psychologen Heinz Heckhausen und Peter Gollwitzer entwickelt. Es stellt den Prozess der Zielsetzung bis zur Zielrealisierung da. Wenn Menschen etwas realisieren möchten, aber etwas sie zurückhält, sagt man, sie müssen sich „zusammenreißen". Die Volition ist im Alltag unter „Wille" bekannt. Dies ist die Möglichkeit, aufgrund von bestimmten Binnenprozessen, eine Handlungsausführung bis zur Zielerreichung, trotz innerer und äußerer Widerstände, aufrecht zu erhalten.[37]

---

[33] Vgl. Brandstätter (2018), S. 169
[34] Vgl. Brandstätter (2018), S. 197
[35] Vgl. Brandstätter (2018), S. 191
[36] Autorin der Arbeit
[37] Vgl. Jansen (2018), S. 101/102

Sie ist nach Kurt Lewin und Narziß Ach die Form der Motivation, die für das Streben nach Zielen verantwortlich ist. Unter Zielstreben versteht man, alle motivationsregulatorischen Phänomene, die für die Erreichung gesetzter Ziele notwendig sind.[38] Bevor dies geschieht, benutzt man die Motivation. Ein Mensch benötigt Motivation, um ein Ziel zu erreichen. Motiviert ein Ziel zu erreichen, ist man, wenn die Erwartungen und der Wert hoch sind. Motivation (Zielsetzung) sind motivationale Prozesse, die Ziele setzen.[39] Klassische Motivationstheorien weisen auf, dass die Motivation durch die Wünschbarkeit und Realisierbarkeit des angestrebten Ziels bestimmt wird.[40] Die Motivation setzt und bewertet das Ziel, die Volition sorgt für die Aufrechterhaltung und die Realisierung des Ziels.[41]

Den Namen bekam das Modell durch den Rubikon, einen Fluss in Italien. Man sagt, dass Cäsar mit Überschreitung des Rubikons seinen Entschluss zum Bürgerkrieg nicht rückgängig machen konnte. Auch in der Theorie steht diese Überschreitung für eine verbindliche Festlegung auf ein Ziel, welche mit der vollständigen Ausrichtung auf die Realisierung des Ziels einhergeht. Den Rubikon überschreitet man mit der Veränderung eines Wunsches in ein Ziel.

Das Rubikon-Modell stellt einen Handlungsstrom dar, der von der Entstehung eines Wunsches bis zur Zielerreichung führt. Der Handlungsstrom besteht aus vier Abschnitten, welche durch drei wichtige Übergänge gekennzeichnet sind. Allerdings beschreibt das Rubikon-Modell einen idealtypischen Verlauf, der nicht bei jeder Alltagshandlung auftritt.

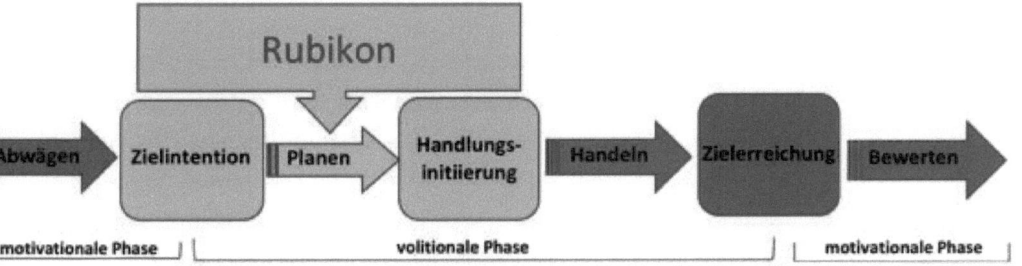

Abb. 1: Rubikon-Modell, Eigene Darstellung in Anlehnung an Jansen (2018), S.102

---

[38] Vgl. Heckhausen (2018), S. 361
[39] Vgl. Moskaliuk (2017)
[40] Vgl. Heckhausen (2018), S. 361
[41] Vgl. Moskaliuk (2017)

Im Folgenden werden die vier Abschnitte des Modells erläutert.

❖ **Abwägen (Prädezisionale Phase)** zwischen möglichen zu realisierenden Zielen. Es werden Vor- und Nachteile von noch nicht realisierten Wünschen abgewägt. Dabei wird die Wünschbarkeit wahrscheinlicher Folgen und die Erreichbarkeit des Ziels durchdacht.

   ➤ Werden sich eventuell günstige Gelegenheiten bieten?
   ➤ Stehen die zur Realisierung benötigten Mittel und die nötige Zeit zur Verfügung?[42]

Es werden möglichst viele Informationen, auch Neues und Unbekanntes mit einbezogen. Nachdem man über den Rubikon ist, also sich tatsächlich entschieden hat, beginnen andere mentale Prozesse.[43] Die Motive der Person sind hierbei Quellen der Wunschproduktion. Dadurch dass unsere Bedürfnisse und Motive viel mehr Wünsche produzieren, als wir realisieren können, sind wir gezwungen uns zu entscheiden und nur einige verbindlich als Ziel zu setzen.[44]

❖ **Planen (Präaktionale/Postdesizionale Phase)** wie das verbindliche Ziel verwirklicht werden soll.

Mit welchen Mitteln und bei welcher Gelegenheit das Ziel erreicht werden soll (wann, wo, Art & Weise).

   ➤ Wie positiv oder negativ sind mögliche Konsequenzen?
   ➤ Wie wahrscheinlich ist es, dass diese Konsequenzen eintreffen werden?[45]

Der Fokus der Aufmerksamkeit liegt jetzt bei den Informationen, die der Erreichung des Ziels dienen. Alles, was einem vom Ziel abbringen könnte, sollte ausgeblendet werden. Hier beginnt die Volition, also „Wie erreiche ich mein Ziel?".[46] Jetzt ist die Realisierung des Ziels gewollt. Bei der Planung der Maßnahmen zur Realisierung kann man sowohl routinierte,

---

[42] Vgl. Jansen (2018), S. 103
[43] Vgl. Moskaliuk (2017)
[44] Vgl. Heckhausen (2018), S. 359/360
[45] Vgl. Jansen (2018), S. 103
[46] Vgl. Moskaliuk (2017)

automatisch ablaufende, aber auch neue, noch nicht etablierte Verhaltens-weisen einbinden.[47]

❖ **Handeln (Aktionale Phase)** bedeutet alle Aktivitäten, die zur Zielerrei-chung benötigt werden.

Die geplanten Handlungen der postdezisionalen Phase werden in die Tat umgesetzt. Die Handlungen sollen mit höchster Wahrscheinlichkeit zur Zielerreichung führen.[48] Wichtig ist, das Ziel immer im Auge zu behalten und auf Schwierigkeiten flexibel zu reagieren. Bei Misserfolgen kann eine Veränderung des Ziels oder eine erhöhte Anstrengung zur Lösung füh-ren.[49] Die Volitionsstärke bestimmt nun die Handlungsdurchführung. Sie ist quasi eine persönliche Grenze der eigenen Bemühungen.[50]

❖ **Bewertung (Postaktionale Phase)** des gesetzten Ziels, also ob es er-reicht wurde.

Wie waren die Folgen der durchgeführten Handlungen? Inwiefern wurde das Ziel erreicht und welche Handlungen sind ggf. noch auszuführen, um den Handlungsverlauf abzuschließen?

➢ Ist meine Handlungsintention erledigt?[51]

Außerdem werden der Erfolg und Misserfolg attribuiert. Das Ergebnis der Bewertung beeinflusst die zukünftige Planung und Umsetzung des Ziels.[52]

Das Abwägen und Bewerten gehören zur motivationalen Phase, da hier Wert- und Erwartungseinschätzungen, sowie Kausalattributionen eine Rolle spielen. Diese Phase ist realitätsorientiert. Die volitionale Phase, die das Planen und Han-deln umfasst, besteht aus selbstregulativen Prozessen und ist realisierungsori-entiert.

Die vier Abschnitte werden durch folgende drei Übergänge miteinander ver-knüpft:

---

[47] Vgl. Heckhausen (2018), S. 359/360
[48] Vgl. Jansen (2018), S. 103
[49] Vgl. Moskaliuk (2017)
[50] Vgl. Heckhausen (2018), S. 360
[51] Vgl. Jansen (2018), S.103
[52] Vgl. Moskaliuk (2017)

Zielintention: Aus den vielen existierenden Wünschen wird ein unverbindlicher Wunsch, ein verbindliches Ziel zu erreichen. Die handelnde Person verpflichtet sich zur Umsetzung dieses Wunsches.

Handlungsbeginn: Start der geeigneten Handlungen, um das ausgewählte Ziel zu erreichen.

Handlungsergebnisse: Konsequenzen der Durchführung werden bewertet.

Die verbindliche Zielsetzung am Ende der prädeszisionalen Phase ist die Überschreitung des Rubikons.[53]

3.2 Kuhls Handlungskontrollstrategien

Es gibt Faktoren, die Menschen von der Umsetzung einer schwierigen Absicht bzw. Aufgabe abhalten, aber auch Mechanismen, die nötig sind, um dies zu verhindern. Um die Mechanismen zu verdeutlichen, hat Julius Kuhl die Handlungskontrolltheorie veröffentlicht. Die Handlungskontrollmechanismen erklären, wie es ein Mensch dennoch schafft, sich an die Umsetzung nichtdominater Handlungstendenzen zu binden. Diese Mechanismen unterstützen die Aufrechterhaltung der Intentionen im Gedächtnis, schirmen sie von konkurrierenden Handlungstendenzen ab und treiben die Umsetzung in Handeln voran.

Die Handlungskontrollmechanismen sind:

Handlungskontrollmechanismus	Beschreibung
Aufmerksamkeitskontrolle	Man konzentriert sich auf intentionsrelevante Informationen und blendet ablenkende Reize aus
Enkodierungskontrolle	Sie speichert nur intentionsrelevante Aspekte von Reizen oder Situationen

---

[53] Vgl. Jansen (2018), S. 103/104

Affektregulation/Emotionskontrolle	Sie hilft sich von negativen oder zu positiven Emotionen zu lösen, wenn die die Absicht behindern[54]
Motivationsregulation	Positive Anreize des Ziels werden vor Augen gehalten
Umgebungskontrolle	Absichtsgefährdende Ablenkungsquellen werden beseitigt[55]
Sparsame Informationsverarbeitung	Der Entscheidungsprozess wird abgeschlossen, wenn eine Absicht gebildet wurde[56] Die Suche nach weiteren Handlungsmöglichkeiten wird unterbunden[57]

Tab. 1: Handlungskontrollmechanismen, Eigene Darstellung an Brandstätter/Otto (2009), S.157

Fallbeispiel

Herr Muster, 32 Jahre alt, möchte mit dem Rauchen aufhören. Da Rauchen schon seit frühester Jugend zu seiner Last gehört, fällt es ihm sehr schwer. Für das anstehende Jahr 2020 hat er sich fest vorgenommen, diesmal den Absprung zu schaffen. Zur Vorbereitung hat er sich eine Motivationscollage erstellt. Darauf sind Bilder seiner Kinder und Dinge, die ihm in seinem Leben viel wert sind. Immer wenn er am Zweifeln ist und wieder zur Zigarette greifen möchte, schaut er sich die Motivationscollage an, welche ihn dann doch von der Zigarette abhält **(Motivationskontrolle).** Aus dem Sommerurlaub hat er sich vergünstigt zwei Zigarettenstangen mitgebracht. Um gar nicht erst in Versuchung zu kommen, verschenkt er diese an seine Freunde, damit er die Zigaretten nicht mehr im Haus hat **(Umgebungskontrolle).** Beim Einkaufen an der Kasse, hat er oftmals Zigaretten auf das Band gelegt. Nun fokussiert er sich auf sein Handy, oder die Leute, die vor ihm stehen **(Aufmerksamkeitskontrolle).** Auf der Geburtstagsfeier seines besten Freundes am Wochenende, wird in der Location geraucht. Wenn die Kumpels an seinem Tisch sich eine Zigarette anzünden, wechselt er den Tisch und baut dort ein Gespräch auf, um sich von dem Rauchen bzw. den Rauchern

---

[54] Vgl. Brandstätter/Otto (2009), S. 157/158
[55] Vgl. Brandstätter (2018), S. 149
[56] Vgl. Quirin (2019), S. 714
[57] Vgl. Brandstätter/Otto (2009), S. 158

abzulenken **(Enkodierungskontrolle)**. Besonders wenn es Stress im Alltag gab, hat er geraucht. Bei zukünftigen Stressreaktionen wird er nicht mehr zur Zigarette greifen, sondern seine Gedanken kontrolliert auf etwas anderes lenken **(Spar-same Informationsverarbeitung)**. Außerdem wird er seine schlechte Laune durch den Stress abwandeln, in dem er etwas macht, was ihm gut tut bspw. Sport treiben **(Affektregulation/Emotionskontrolle)**

Literaturverzeichnis

Bayerischer Rundfunk (2019), Was uns wirklich glücklich macht, https://www.br.de/themen/wissen/glueck-gluecksforschung-gehirn-100.html, abgerufen am 22.10.2019

Brandstätter, V. et al. (2018), Motivation und Emotion, 2. Auflage, Berlin/Heidelberg

Brandstätter, V./Otto, J. (2009), Handbuch der Allgemeinen Psychologie – Motivation und Emotion, 1. Auflage, Göttingen

Bucher, A. (2018), Psychologie des Glücks, 2. Auflage, Weinheim

Heckhausen, J./Heckhausen, H. (2018), Motivation und Handeln, 5. Auflage, Berlin/Heidelberg

Jansen, L. (2018), Titel-Nr. 1456-01, 1. Auflage, Motivation und Volition, SRH Fernhochschule Riedlingen

Jansen, L. (2018), Titel-Nr. 1456-01, 1. Auflage, Emotion, SRH Fernhochschule Riedlingen

Landsiedel NLP Training (2019), Was macht glücklich?, https://www.landsiedel-seminare.de/positive-psychologie/was-macht-gluecklich.html, abgerufen am 22.10.2019

Martin, G. (2019), One man's meat is another man's poyson, https://www.phrases.org.uk/meanings/one-mans-meat-is-another-mans-poison.html, abgerufen am 25.10.2019

Moskaliuk, J. (2017), Vier Phasen der Motivation: Rubikon-Modell, https://ich-raum.de/vier-phasen-der-motivation-rubikon-modell/, abgerufen am 26.10.2019

NLP-Zentrum Berlin (2019), Was ist Glück?, https://nlp-zentrum-berlin.de/info-thek/nlp-psychologie-blog/item/was-ist-glueck, abgerufen am 23.10.2019

Psychomeda (2016), Emotion – Lexikon der Psychologie, https://www.psycho-meda.de/lexikon/emotion.html, abgerufen am 23.10.2019

Stangl, W. (2019), Glück, https://lexikon.stangl.eu/16980/glueck/, abgerufen am 23.10.2019

Strobach, T./Wendt, M. (2019), Allgemeine Psychologie, Was ist eigentlich…?, 1. Auflage, Berlin/Heidelberg

Quirin, M. et al. (2019), Handlungskontrollmechanismen. In M. Wirtz, Dorsch – Lexikon der Psychologie, 18. Auflage, Göttingen